1

供电企业生产技能人员标准化作业培训教材

LW25-126型断路器检修

福建省电力有限公司　组编

输变电

中国电力出版社
CHINA ELECTRIC POWER PRESS

内 容 提 要

本册书是按照《供电企业生产技能人员标准化作业培训教材》体系的要求，结合生产实际编写而成。本册书共分为两大部分，主要从 LW25-126 型断路器检修的作业描述、工作流程、工作质量标准与控制、作业中安全风险分析与预控等方面予以详细阐述，结合实际作业案例进行分析，并附实际作业案例相关的标准化文本及相关说明。

本册书作者都是长期从事电力生产一线的员工，有较为丰富的现场实际经验，所列举的案例也是实际生产过程中所发生的，具有较强的生产现场指导意义。本册书可作为供电企业变电检修工作人员的培训教学用书，也可作为电力职业院校教学参考用书。

图书在版编目（CIP）数据

供电企业生产技能人员标准化作业培训教材. 输变电/福建省电力有限公司组编. —北京：中国电力出版社，2012.12
ISBN 978-7-5123-3810-4

Ⅰ. ①供…　Ⅱ. ①福…　Ⅲ. ①供电－工业企业管理－标准化管理－中国－技术培训－教材　②输电－电力系统－技术培训－教材　③变电所－电力系统－技术培训－教材　Ⅳ. ①F426.61

中国版本图书馆 CIP 数据核字（2012）第 287838 号

中国电力出版社出版、发行
（北京市东城区北京站西街 19 号　100005　http://www.cepp.sgcc.com.cn）
北京九天众诚印刷有限公司印刷
各地新华书店经售

*

2013 年 1 月第一版　　2013 年 1 月北京第一次印刷
787 毫米×1092 毫米　16 开本　84 印张　1766 千字
全册定价 **232.00** 元

陈艺鑫　陈日坤　陈祥舒　陈朝晖　陈德兴
林　衡　林一泓　林志敏　林志强　林轶群
林海渊　欧世尧　欧永连　罗　松　罗　毅
金建宁　郑哲人　郑雄俊　郑黎斐　赵道阳
施　纬　施广宇　洪西卿　钱志立　翁晓锋
涂恩来　黄　亮　黄国敏　董　磊　傅智为
潘晨曦

前言

preface

为了更好地服务“五大”体系建设，提升生产技能人员良好的“职业化”行为习惯，建立与现场标准化作业生产环境一致的培训课程体系，福建省电力有限公司以现场标准化作业指导书为蓝本，组织开展生产技能标准化作业培训教材的编写工作。为确保教材的编写质量和进度，由总工程师李功新主抓此项工作，多次召集工作协调会，定期听取编写进度汇报；人力资源部负责教材编写的组织工作，运维检修部、科技信通部和调度控制中心负责教材编写的具体工作，福建省电力有限公司和基层单位技术专家组成教材编写与审定小组，公司培训中心负责教材编写框架和编写规范的制订、编写进度跟踪及其他协调工作。

本套教材集中了福建省电力有限公司众多专家学者的智慧，采用了全新的组织架构，突出了基于现场标准化作业的培训特色。本套教材分为配电专业、输变电专业和二次专业三本书，包括 91 项现场标准化作业项目（子分册），具有很强的针对性和实用性。各项目（子分册）分为两部分：第一部分介绍了各项目的工作流程、工作质量标准与控制、危险点分析与预控、管理与记录要求、作业案例等；第二部分罗列了标准化作业指导书等标准化作业文本，并结合第一部分的作业案例说明了标准化文本的填写规范。部分项目（子分册）还在附录部分对设备等内容进行了说明。

其中，配电专业分为架空线路、配电设备、计量装置及其他设备，由福建省电力有限公司运维检修部高级工程师姚亮担任编写组长，福州电业局、厦门电业局、莆田电业局、泉州电业局、漳州电业局、龙岩电业局、三明电业局、南平电业局、宁德电业局、福清电力公司、石狮电力公司、晋江电力公司、南安电力公司、长乐电力公司等单位的专家参与编写工作。输变电专业分为开关类、线圈类和架空线路及电缆，由福建省电力有限公司运维检修部高级工程师林平担任编写组长，福建省电力科学研究院、检修分公司、福州电业局、厦门电业局、莆田电业局、泉州电业局、漳州电业局、龙岩电业局、三明电业局等单位的专家参与编写工作。二次专业分为继电保护、综合自动化、直流系统和电力通信，由福建省电力有限公司调度控制中心高级工程师宋福海、科技信通部高级工程师连纪文担任编写组长，福建省电力科学研究院、检修分公司、信息通信分公司、福州电业局、厦门电业局、莆田电业局、泉州电业局、龙岩电业局、三明电业局、南平电业局等单位的专家参与编写工作。

本册由福建省电力科学研究院林一泓担任编写组长，福建省电力检修公司赵道阳、福建省电力科学研究院傅智为等编写；福建省电力有限公司运维检修部林平主审，三明电业局郑黎斐、吴辉煌、李勇明、福州电业局李积捷、翁晓锋、厦门电业局黄亮、泉州电业局庄严、莆田电业局张绍明、龙岩电业局邱振敏、施纬等参审。

本教材在编写、审定过程中得到了福建省电力有限公司有关单位领导和专家的大力支持和帮助，在此一并感谢。同时，也感谢中国电力出版社的大力支持。

由于编者能力所限及编写时间仓促，难免存在疏漏之处，恳请各位专家和读者提出宝贵意见。

目录

contents

第一部分

标准化作业培训

1 作业描述

根据 LW25-126 型高压断路器现场拆装作业的标准化作业指导书的内容，转换成标准化作业卡，介绍该类型断路器的检修工作流程和质量标准要求。通过流程介绍和列表说明，掌握该类型断路器检修所需工器具、材料、工作流程、质量标准、作业中的危险点预控、操作步骤、管理要求等内容。

2 工作流程

LW25-126 型断路器现场拆装的工作流程如图 1-1 所示。

3 工作质量标准与控制

3.1 引用标准

GB 1984－2003 《交流高压断路器》
GB/T 11023—1989 《高压断路器设备 SF_6 气体密封试验导则（仅 SF_6 断路器）》
GBJ 147—1990 《电气装置安装工程：高压电器施工及验收规范》
DL/T 596—1996 《电力设备预防性试验规程》
DL/T 593—2006 《高压开关设备和控制设备的共用技术要求》
DL/T 639—1997 《SF_6 电气设备运行、试验及检修人员安全防护细则（仅 SF_6 断路器）》
Q/GDW 168—2008 《输变电设备状态检修试验规程》

3.2 质量控制

3.2.1 清洗工艺要求

对机构部件应使用汽油等不会造成腐蚀损伤的清洗剂；本体部件应使用无水乙醇（酒精），并将清洗后的零部件表面擦拭干净。

3.2.2 润滑油封工艺要求

润滑前，应对传动部位零部件进行清洗，再均匀涂抹适量的优质二硫化钼锂基润滑脂，禁止戴棉制手套、使用毛刷。

3.2.3 接触面处理工艺要求

导电接触面镀银层用清洗剂清洗干净，非镀银导电接触面用 0 号砂纸砂光后清洗干净。

3.2.4 除锈、防锈工艺要求

除锈时，用钢丝刷将设备构架、外壳氧化层去掉，用铁砂布细加工彻底除锈。防锈时，先刷一遍底漆，后刷两遍防锈漆，每一遍刷油漆间隔时间以漆干为准，每一遍刷油漆应均匀、不起泡、厚薄度一致，无遗漏处。

3.2.5 绝缘瓷套和法兰检查要求

绝缘瓷套和法兰表面无脱釉、无残缺、无裂纹、无变形，釉面清洁、光滑，密封面无损伤、表面光滑，两端法兰结合良好、无脱胶。

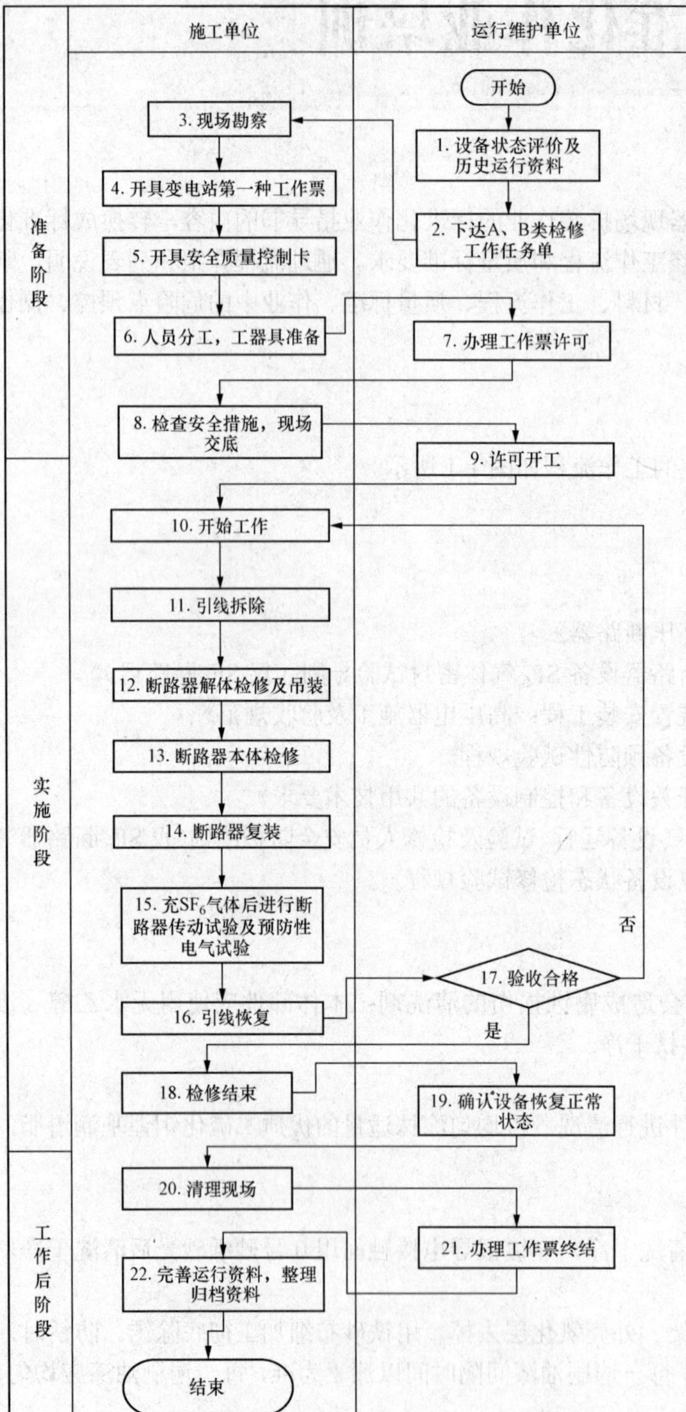

流程描述

流程开始。

1～2. 根据设备状态评价的结果及收集的历史运行资料下达A、B类检修工作任务单。

3. 检修单位对施工现场进行勘察确定施工方案。

4～6. 检修单位做好施工前的准备工作：开工作票、安全质量控制卡、工器具材料准备。

7. 办理工作票许可手续。

8～9. 检修工作负责人组织全体工作人员在现场队列交待工作任务、危险点分析、安全措施、注意事项，工作班成员明确后，工作负责人发布开始工作命令。

10. 断路器大修工作流程开始。

11. 引线拆除、回收SF_6气体。

12. 断路器解体检修及吊装。

13. 断路器本体检修。

14. 断路器复装。

15. 充SF_6气体后进行断路器传动试验及预防性电气试验。

16. 引线恢复。

17. 运行维护单位对检修单位的工作结果进行验收。

18～21. 验收合格后，工作负责人召开班后会并宣布工作结束，办理工作票终结手续。工作负责人对安全质量控制卡进行评价。

22. 检修单位对资料进行归档，并编写检修报告。

流程结束

图 1-1　LW25-126 型断路器现场拆装工作流程图

3.2.6　各部分金属零件的检查要求

各部件结构完整、表面无缺损、无裂纹、无变形、无锈蚀，表面清洁、光滑；传动部件传动灵活、表面无损伤；铸件表面无裂纹、锈蚀、砂眼。

3.2.7　电气元件和表计的检查要求

电气元件表面无裂纹、无锈蚀，动作正确可靠，密度继电器报警、闭锁压力应正确。

3.2.8　整体调试要求

调整的各项数据均满足产品的技术条件的要求，诊断性试验合格。

4　安全风险分析与预控说明

4.1　危险点 1：人身触电

事故案例

3 月 24 日，××电业局××变电站 110kV 郭北线和 110kVⅠ、Ⅱ母线停电，郭北线断路器、线路隔离开关、电流互感器、旁路隔离开关和母线Ⅰ隔离开关小修。9 点左右，办理完毕工作许可手续，检修人员开始工作，由于安全措施不完善，检修人员鲍××误登带电的 110kV 郭北线母线Ⅱ隔离开关清扫，清扫母线侧带电绝缘子时，触电烧伤。烧伤面积 40%，其中一度烧伤占 60%，二度烧伤占 30%，三度烧伤占 10%。同时造成 110kV 母差保护动作，1、2 号主变压器 1711、1712 断路器和郭无线 1715 断路器、郭惠线 1716 断路器跳闸。

防范措施

（1）防止误入带电间隔、误登带电构架发生触电。

1）作业现场安全围栏设置必须规范，标示清晰、醒目；检修设备与带电设备应有效隔离，严禁将带电设备构架围入工作范围。严禁工作人员越过或移动围栏。（《国家电网公司电力安全工作规程（变电部分）》第 4.5.5 条）

2）作业人员攀登设备构架、杆塔前，应认真核对设备名称、编号、位置，检查现场安全措施无误后方可开始。（《国家电网公司电力安全工作规程（变电部分）》第 10.7 条）

（2）防止安全距离不足及感应电触电。

1）停电作业必须严格执行停电、验电、装设接地线等保证安全的技术措施。（《国家电网公司电力安全工作规程（变电部分）》第 4.1 条）

2）在变、配电站（断路器站）的带电区域内或临近带电线路处，禁止使用金属梯；搬动梯子、管子等长物时，应放倒两人搬运。（《国家电网公司电力安全工作规程（变电部分）》第 13.1.11 条）

（3）防止低压作业触电。

1）各种电气设备和电动工具，其金属外壳必须可靠接地。电动工具使用时应做到“一机一闸一保护”。使用金属外壳的电气工具时应戴绝缘手套。（《国家电网公司电力安全工作规程（变电部分）》第 13.4.2.7 条）

2）施工检修（试验）电源应安装漏电保安器，使用前应检查试验，确保能正确动作。严禁用导线直接插入插座取得电源。（《国家电网公司电力安全工作规程（变电部分）》第 13.4.2.10 条）

（4）防止倒送电触电。

4.2 危险点 2：高处坠落

事故案例

2 月 15 日××变电公司检修人员在老君堂变电站检修隔离开关时，支持绝缘子突然从根部断裂，造成检修人员高处坠落死亡；同年 12 月 9 日，湖北××供电公司修试部在 220kV ××变电站进行 220kV 022 隔离开关完善化改造工作中，检修人员从搭建在隔离开关支持绝缘子上的梯子爬至支持绝缘子顶端，并将安全带系在隔离开关导电折架尾部，在 V 相工作的一名检修人员在用扳手松开引线螺丝的过程中，该相支持绝缘子突然从根部断裂，检修人员随隔离开关坠落至水泥地面，隔离开关动触头打压在其胸部而致其死亡。

防范措施

（1）防止高处作业安全措施不完善导致坠落。

高度超过 1.5m 处作业，应使用安全带。在杆塔上作业，应使用有后备绳或速差自锁器的双控背带式安全带。高处作业区周围的临边、孔洞、沟道等应设盖板、安全网或围栏，同时应设置安全标志，夜间还应设红灯示警。

（2）防止登高工器具不合格或使用不当导致坠落。

5 管理与记录要求

（1）在现场施工之前，必须在电力生产门户（GPMS）系统内开具变电站电气第一种工作票及安全质量控制卡，并在工作现场充分发挥工作票及作业卡的工作指导作用。

（2）在现场工作开始前，工作负责人及工作班成员应对即将进行的工作任务、停电范围及安全措施了解清楚，方可参与工作。

（3）工作人员到达工作现场后，在工作前工作负责人应根据工作票仔细核对现场安措布置情况，并对工作班成员进行安全交底。

（4）当工作结束后，工作班应清扫、整理现场。工作负责人应周密地检查，待全体人员撤离工作地点后，再向运行人员交待所修项目、发现的问题、试验结果和存在的问题等，并与运行人员共同检查设备状况、状态，有无遗留物件，有无清洁等。

（5）整理检修记录，将缺陷流程运转信息编写的报表、完成时限等内容上传或录入到 GPMS 系统中，办理工作终结手续，并完成设备作业后状态评价。

（6）工作票交底现场录音上传录音系统。

（7）工作票、安全质量控制卡、报表等资料归档。

（8）编写大修终结报告并归档。

6 作业案例

变电站 110kV××线 132 断路器大修。现场接线如图 1-2 所示。

6.1 作业前准备

6.1.1 现场勘察

工作前，工作负责人组织有关人员对作业现场的环境、条件、危险点进行勘察，应查看接受的任务是否与现场相符，了解作业现场的条件、环境。草拟现场示意图，初步确定作业方式，并开具现场勘察单。

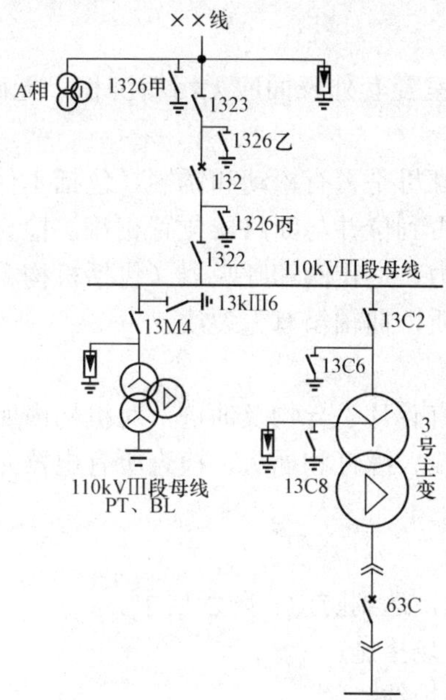

图 1-2　变电站 110kV××线 132 主接线图

6.1.2　技术准备工作

检修前应准备好需检修断路器的资料，如产品手册、电气原理图等。熟悉 LW25-126 型断路器技术资料，明确有关技术要求及质量标准。

对断路器的安装情况、运行情况、故障情况、缺陷情况及断路器的密封情况等进行详细、全面、认真的调查、分析，以判定断路器的综合工况及运行可靠性，为具体检修方案的制定打好基础。

通过对检修前设备的状态评价，制订出断路器具体的检修方案。检修方案应包含断路器检修的具体内容、标准。

断路器检修方案及内容确定后，应做好检修所需的备品、备件、检修专用工装、工具等准备。

6.1.3　检修工器具及材料准备

（1）按照检修项目要求，准备工器具、材料以及个人劳保防护用品。检查检修工具，如钳子、扳手、螺丝刀等外裸导电部分是否采取绝缘包扎，对绝缘零件应采用较好的防潮措施，绝缘部分不应有破损，如有应予以包扎或更换。

（2）现场做好安全、防火措施。

6.1.4　组织学习并开票

根据工作任务，组织工作人员学习标准化作业指导书，开具变电站第一种工作票及安全质量控制卡。

6.1.5　经工作许可后开始工作

（1）召开班前会。根据当天工作量及作业地点，工作负责人在作业前将工作任务、人员进行分工，交待作业标准等。工作负责人在确认所需布置安全措施已完备后，宣读工作票及安全质量控制卡进行安全交底。工作人员了解危险点及安全措施后，工作人员在工作票及安全质量控制卡中交待任务、交待安全措施栏签名确认。

（2）修前检查。

1）检查支持瓷套和灭弧室瓷套外表面应无污垢沉积，无破损伤痕，法兰胶装处及法兰无裂纹。

2）检查本体所有螺栓，螺母是否有松动和锈蚀（包括本体与机构箱连接螺栓）。

3）检查分—合闸指示是否到位并与断路器位置相符，检查校正孔是否对正。

4）检查密度表、气体压力、逆止阀和呼吸器（包括机构箱体和本体）。

5）检查空压机油位及油质，曲轴箱有无裂纹。

6）检查缓冲器有无漏油。

7）检查机构箱底部是否有碎片、异物及油迹，对机构内所有部件进行外观检查。

8）检查机构箱内所有螺栓、螺钉和插头，检查所有电器元件和二次线。

9）检查压力表指针位置。

10）检查加热器和门灯。

11）检查机构箱密封情况，达到防尘、防水要求。

（3）根据现场情况布置现场措施。

（4）停电、验电、装设接地线。

6.2 作业中控制

（1）除锈、防锈工艺要求。

（2）灭弧室部分的检查及检修。

（3）支柱部分的检查及检修。

（4）二次元件及配线的检修。

（5）SF_6气体系统的检修。

（6）机构箱体的检修。

（7）机芯拆卸检修。

（8）分闸弹簧的检修。

（9）油缓冲器检修。

（10）操动机构合闸弹簧检修。

（11）分闸电磁铁、合闸电磁铁部分的检修。

（12）防跳装置检修。

（13）分闸机构检修。

（14）断路器的整体装复。

（15）整体调试、试验完成后，做最终检查。

（16）检查 SF_6 气体压力是否正常，并记录。

（17）清理工作现场。

6.3 作业验收

（1）检修人员工作质量自验收。

（2）清理现场。

（3）在 GPMS 中录入检修、消缺情况，运维人员验收确认。

（4）办理工作票结束。

6.4 作业后工作

（1）召开班后会。

（2）在 GPMS 系统中对安全质量控制卡进行归档、评估。
（3）编制检修报告和检修总结，并上传至 GPMS 系统。
（4）将安全交底和班后会录音上传至录音系统，并做好登记。
（5）将安全质量控制卡、报表、工作票等文件归档。

思考与练习

1．请简述弹簧操作机构的基本工作原理。
2．请讲述断路器喷口的具体检修步骤。
3．如何对油缓冲器进行检修？

第二部分 标准化作业文本

1 标准化作业指导书

LW25-126 型高压断路器检修标准化作业指导书

编写：________ ________ 年 _____月 _____日

审核：________ ________ 年 _____月 _____日

批准：________ ________ 年 _____月 _____日

工作负责人：

作业日期：　　年　月　日　时 至　　年　月　日　时

××××公司

1 范围

本指导书适用于110kV LW25—126型高压断路器大修作业。

2 引用文件

GB 1984—2003 《交流高压断路器》
GB/T 11023—1989 《高压断路器设备SF_6气体密封试验导则（仅SF_6断路器）》
GBJ 147—1990 《电气装置安装工程：高压电器施工及验收规范》
DL/T 596—1996 《电力设备预防性试验规程》
DL/T 593—2006 《高压开关设备和控制设备的共用技术要求》
DL/T 639—1997 《SF_6电气设备运行、试验及检修人员安全防护细则（仅SF_6断路器）》
Q/GDW 168—2008 《输变电设备状态检修试验规程》
Q/FJG 10093—2008 《福建省电力有限公司输变电设备状态检修试验规程实施细则》

3 修前准备

3.1 准备工作安排

√	序号	内　容	标　准	责任人	备注
	1	开工前10天，向有关部门上报本次工作的材料计划	根据摸底时设备状况及需执行的反措计划		
	2	在工作前7天提交相关停役申请			
	3	开工前3天，准备好施工所需仪器仪表、工器具、相关材料、相关图纸及相关技术资料	仪器仪表、工器具应试验合格，满足本次施工的要求，材料应齐全，图纸及资料应符合现场实际情况		
	4	开工前确定现场工器具摆放位置	现场工器具摆放位置参考定置图，确保现场施工安全、可靠		
	5	根据本次作业内容和性质确定好检修人员，并组织学习本指导书	要求所有工作人员都明确本次工作的作业内容、进度要求、作业标准及安全注意事项		
	6	填写第一种工作票，在开工前一天交值班员	工作票应填写正确，并按《电业安全工作规程》执行		

3.2 人员要求

√	序号	内　容	责任人	备　注
	1	现场工作人员的身体状况、精神状态良好		
	2	作业辅助人员（外来）必须经负责施教的人员对其进行安全措施、作业范围、安全注意事项等方面施教后方可参加工作		
	3	特殊工种（吊车司机、电焊工、架子工）必须持有效证件上岗		
	4	所有作业人员必须具备必要的电气知识，基本掌握本专业作业技能及《电业安全工作规程》的相关知识，并经《电业安全工作规程》考试合格		
	5	作业负责人必须是经局批准的		

3.3 备品备件

√	序号	名 称	规 格	单位	数量	备 注
	1	机构箱	5KA.353.369.2	台	1	CT 20
	2	O 形圈	P220 230×5.7	个	3	灭弧室瓷套下（中间法兰上端）
	3	O 形圈	P105 115×5.7	个	6	中间法兰下端、直动法兰（支柱瓷套用）
	4	O 形圈	P22A 28×3.5	个	6	直动密封小法兰
	5	O 形圈	P175 185×5.7	个	3	吸附剂盖板用
	6	O 形圈	P165 175×5.7	个	3	灭弧室瓷套上端与静触头座连接法兰用
	7	O 形圈	P18 22×2.4	个	15	配管、接头、本体阀门用
	8	O 形圈	P7 10×1.9	个	3	六氟化硫充气接口用
	9	绝缘拉杆		个	3	
	10	销	8KA.933.335	个	3	绝缘拉杆用
	11	GB97 不锈钢垫圈	ϕ6	个	6	绝缘拉杆改造用
	12	GB67 不锈钢螺钉	M6×8	个	6	绝缘拉杆改造用
	13	等电位片	8KA.557.169	个	6	绝缘拉杆改造用
	14	分、合闸线圈	5KA.520.436.1	个	2	
	15	密封圈（黑）	8KA.370.555	个	12	直动密封
	16	密封圈（白）	8KA.156.409	个	9	直动密封
	17	阀门	LF-12	个	3	配套阀门座
	18	喷口	8KA.425.022.1	个	3	
	19	挡圈	GB894 ϕ13	个	24	
	20	挡圈	GB894 ϕ16	个	12	
	21	挡圈	GB894 ϕ22	个	8	
	22	挡圈	GB894 ϕ25	个	2	TA 20 机芯用
	23	挡圈	GB894 ϕ30	个	8	
	24	分子筛		个	13	
	25	缓冲垫	8KA.045.005	个	4	（二次板用）
	26	保险销	8KA.993.336	个	6	配套连板用
	27	连板	8KA.135.570	个	6	
	28	热镀锌螺栓		个	若干	
	29	热镀锌垫圈		个	若干	
	30	热镀锌全牙螺杆		个	若干	
	31	空气断路器	AC220V 2P	个	1	电动机

表（续）

√	序号	名 称	规 格	单位	数量	备 注
	32	空气断路器	AC220V 1P	个	2	插座灯
	33	空气断路器	AC C10A / 2P	个	1	加热器
	34	空气断路器	DC C10A / 2P	个	1	控制
	35	辅助开关	OF（26924）	个	3	
	36	辅助开关	F12－I18II2	个	2	
	37	电阻	R×20－30W 1.2kΩ	个	2	
	38	分、合闸线圈	5KA.520.436.1 110Ω	个	2	
	39	中间继电器	JZC3-22DZ DC220V	个	2	
	40	交、直流接触器	CJ×4-3201Z 220V 50A	个	1	
	41	热过载继电器	JRS4—09308D	个	1	
	42	辅助开关	F3—22D	个	3	
	43	端子排	UK5N	个	120	
	44	端子及附件	FBI 10—6	包	2	1 台用 1 个 3 连接，6 个 2 连接
	45	线鼻子	AI2.5—8BU	包	200	
	46	端板	D－UK4 / 10	包	4	
	47	分组隔板	ATP-UK	包	1	
	48	端子附件（标记条）	ZB6LGS:1-55	个	30	
	49	固定件	E/UK	包	10	
	50	加热器	AC220V 100W	个	1	
	51	温湿度控制器	LWK－D2t（7H）	个	1	
	52	行程开关	×－10GM2－B	个	1	
	53	缓冲垫	8KA.045.005	个	4	
	54	计数器	875D DC220V	个	1	
	55	时间继电器	0.1～30s 整定时间 20s	个	1	
	56	远方/就地转换开关		个	1	
	57	扎带		包	3	
	58	尼龙螺母	GB889 M6/M8	件	各 2	二次安装板套件
	59	开口销	GB91 3.2×20	件	8	二次安装板套件

3.4 工器具

√	序号	名 称	规 格	单位	数量	备 注
	1	吊机	现场勘察时确定	辆	1	吊断路器用

表（续）

√	序号	名 称	规 格	单位	数量	备 注
	2	真空泵		台	1	带电磁阀
	3	快装型脚手架	7m	套	1	
	4	轻型绝缘人字梯	8m	架	1	
	5	柔性吊带	2m 2t	根	2	吊断路器极柱用
	6	柔性吊带	6m 2t	根	4	
	7	卸扣	2t	只	4	
	8	尼龙绳	ϕ20 长度 15m	根	4	
	9	尼龙绳	ϕ15 长度 5m	根	6	
	10	枕木	2m	根	2	抬断路器极柱用
	11	枕木	长型	根	4	
	12	撬棒	—	支	2	安装调位用
	13	SF_6气体回收装置		台	1	配减压阀
	14	充放气接头	断路器配套	套	1	配充放气管
	15	空 SF_6气瓶	50kg	只	1	
	16	塑料布		kg	10	
	17	双控安全带		支	5	
	18	临时接地线	$16mm^2$ 以上 20m	根	1	吊机接地用
	19	电源盘	220V/380 V	只	1	带漏电保护器
	20	电源线	3×4+1.5	m	50	
	21	断路器手动操作专用工具	与断路器配套	套	1	断路器随附
	22	挡圈钳		把	2	装轴用弹性挡圈
	23	管钳	16 寸	只	1	
	24	力矩扳手	1/2″DR 60-300N·m	套	2	
	25	棘轮扳手	24～27，17～19，10～12	套	6	各 2
	26	卡簧钳	225mm	把	2	
	27	橡皮锤	中档	只	1	
	28	钢锯架	300mm	只	1	附锯条若干
	29	铁锤	2P	只	1	
	30	螺丝刀	各种规格	套	1	
	31	钢丝刷	—	把	1	
	32	铅垂		个	1	
	33	水平尺		把	1	
	34	锉刀	圆、平、半圆	只	各 1	
	35	塞尺	0.02～1mm	套	1	

表（续）

√	序号	名 称	规 格	单位	数量	备 注
	36	游标卡尺	0～125mm	把	1	
	37	温、湿度计				误差±1℃
	38	万用表		只	1	常规型
	39	高压绝缘电阻表		台	1	
	40	回路电阻测试仪		台	1	测试电流大于100A
	41	直流操作电源		台	1	输出电压高于试验电压，输出电流通常在5A以上
	42	断路器特性综合测试仪		台	1	
	43	SF_6检漏仪		台	1	
	44	SF_6纯度仪		台	1	
	45	SF_6微水检测仪		台	1	
	46	SF_6气体密度继电器校验仪		台	1	
	47	吸尘器		台	1	

3.5 材料

√	序号	名 称	规 格	单位	数量	备 注
	1	新SF_6气体	—	kg		检验合格
	2	螺栓	配套	个	足量	接线板用
	3	塑料尼龙薄膜	—	kg	15	
	4	医用手套	—	副	20	
	5	防护口罩	—	只	10	
	6	纯棉白布	—	m	5	
	7	纯棉破布	—	kg	2	
	8	防毒面具		只	10	
	9	汽油		kg	3	
	10	无水乙醇	分析纯，500mL	瓶	3	
	11	绝缘胶布		卷	2	
	12	密封胶	1527 W	瓶	3	
	13	砂纸	0号	张	10	
	14	百洁布		张	10	
	15	松动剂	—	瓶	1	
	16	胶枪	—	把	1	
	17	洗手液	—	瓶	1	
	18	记号笔	极细	支	2	
	19	油漆刷	1.5″	把	4	

表（续）

√	序号	名 称	规 格	单位	数量	备 注
	20	相色漆	0.4kg/听	听	3	黄、绿、红各 1
	21	防锈漆		kg	0.5	
	22	无毛纸	/	卷	1	
备注：						

3.6 ×××变电站×××断路器大修作业定置图及围栏图

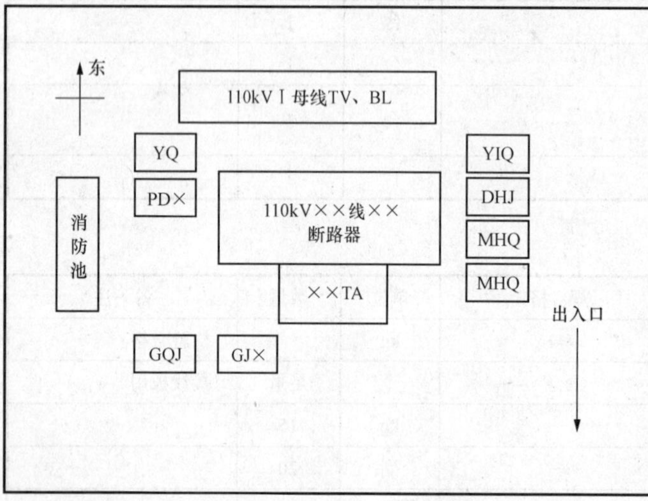

序号	符号	名称	单位	数量
1	MHQ	灭火器	只	2
2	GJ×	工具箱	个	1
3	GQJ	工器具	件	2
4	PD×	配电箱	个	1
5	YQ	氧气	瓶	1
6	YIQ	乙炔	瓶	1
7	DHJ	电焊机	台	1

3.7 危险点分析及预控措施

√	序号	危险点	预 控 措 施
	1	接、拆低压电源	1．应由两人进行，一人操作，一人监护。 2．检修电源应有漏电保护器；电动工具外壳应可靠接地。 3．检修前应断开交、直流操作电源及储能电动机、加热器电源；严禁带电拆、接操作回路电源接头。 4．螺丝刀等工具金属裸露部分除刀口外应进行绝缘包扎
		误碰带电设备	1．搬运长物件，应两人放倒搬运。 2．搭设脚手架，应与带电设备保持安全距离。 3．吊车进入高压设备区必须由专人监护、引导，按照指定路线行走；工作前应划定吊臂和重物的活动范围及回转方向。确保与带电体的安全距离：220kV 不小于 6m
		感应触电	在 220kV 及以上强电场下进行部分停电工作应增加保安接地线
		误登带电设备	检修设备与相邻运行设备必须用围栏明显隔离并悬挂警示牌

表（续）

√	序号	危险点	预 控 措 施
	1	误登带电设备	中断检修每次重新开始工作前，应认清工作地点、设备名称和编号；严禁无监护单人工作
	2	脚手架搭设不牢	脚手架搭设后应检查牢固性；底脚稳固，护栏安装牢靠；脚手架板应放稳、厚度不应小于 5cm
			禁止在脚手架上超重聚集人员或放置超过荷重的材料
			拆除脚手架时应设专人监护；拆除区域内禁止无关人员逗留
		梯子使用不当	梯子应绑牢、防滑；梯上有人，禁止移动
			登高时严禁手持任何工器具
			使用升降梯前应仔细检查，升到一定高度后应按规定设置横绳
		安全带使用不当	正确使用安全带，严禁低挂高用
	3	零部件跌落打击	零部件上、下应用传递绳；不准在架板上存放
	4	机构伤人	应统一指挥，做好协调配合
			检修前，控制盘控制断路器必须放“断开”位置，断路器操作箱内“就地/远方”控制断路器必须放“就地”位置
			检修前，应断开储能电源，将能量全部释放
			保护传动必须得到现场一次负责人许可，传动时本体及机构上禁止任何工作，人员撤离
		储能机构压力伤人	气动机构禁止带压拆卸、紧固密封
	5	绝缘油失火	清洗部件用的油盘、纱布应避开火源
	6	易低压触电	测量仪器仪表的电源接头应做绝缘处理
			进行回路电阻和内压试验时，断路器上停止作业，作业人员暂时离开测试区
			试验时用红白警告带隔离
	7	操作伤人	检修人员要恢复设备在检修状态，方可进行传动试验
			进行二次传动试验前应确认断路器本体检修工作已结束，本体无人工作，具备传动条件
	8	人员中毒	进行 SF_6 气体采样和处理漏气时，应戴防毒面具
			SF_6 气体回收时，操作人员应正确穿戴 SF_6 气体防护服、乳胶手套及防护面罩等劳保用品
			回收 SF_6 气体应按相关的操作规程进行，不得将回收的 SF_6 气体直接排放于大气
		人员中毒	处理 SF_6 设备过后的废弃物必须统一放置保管，采用溶度为 20%氢氧化钠溶液浸泡 12h 后，统一深埋处理至地下 3m
			打开封盖后，检修人员应暂离现场 30min 以上。工作时应尽量站在上风口，不宜站在电缆沟等低洼地带

3.8 安全措施

√	序号	内容
	1	检查确认现场安全措施与工作票所列安全措施一致
	2	搭脚手架时设立专职安全监护人与指挥人，注意与带电设备的安全距离（110kV）≥1.5m
	3	拆、搭架子前应交待明确安全措施、带电部位
	4	竖起、放倒钢管等长物时应不少于 3 人
	5	断路器解体前检查操作能量已释放，操作电源、控制电源已切断，并确认断路器处于分闸状态
	6	搭架子前应检查管子夹头插销有无裂纹，装设夹头应将开口朝上
	7	架子上的走板搭前应检查完好，搭上后两头应绑扎牢固，并做好防滑措施
	8	脚手架上工作人员须穿防滑绝缘鞋
	9	上下脚手架竹梯必须用绳绑扎牢固
	10	拆、卸的零件应放置在平稳的地方，必要时固定，防止坠落
	11	在调整过程中，作业人员必须上下协调，统一指挥
	12	在断路器本体未充 0.5MPa SF_6 气体的情况下，禁止电动操作
	13	在进行电动操作前，应先进行手动操作
	14	检修电源必须按规范接取和使用，电器设备、电源设施在使用前检查完好
	15	在调试过程中，进行断路器机构和机构间隙等测量时，应插入分、合闸防动销，以免误伤人
	16	工作结束前，检查现场安全措施有无变动，要求与工作所列相符
	17	一般废弃物应放在就近城市环卫系统设定的垃圾箱内，不得随便乱扔
	18	处理 SF_6 设备过后的废弃物必须统一放置保管，采用溶度为 20%氢氧化钠溶液浸泡 12h 后，统一深埋处理至地下 3m

3.9 人员分工

√	序号	作业项目	负责人	作业人员
	1	断路器解体检修		
	2	安全监护		
	3	拆、搭脚手架指挥		
	4	材料、资料及工器具管理		

4　××变电站××断路器大修作业流程图

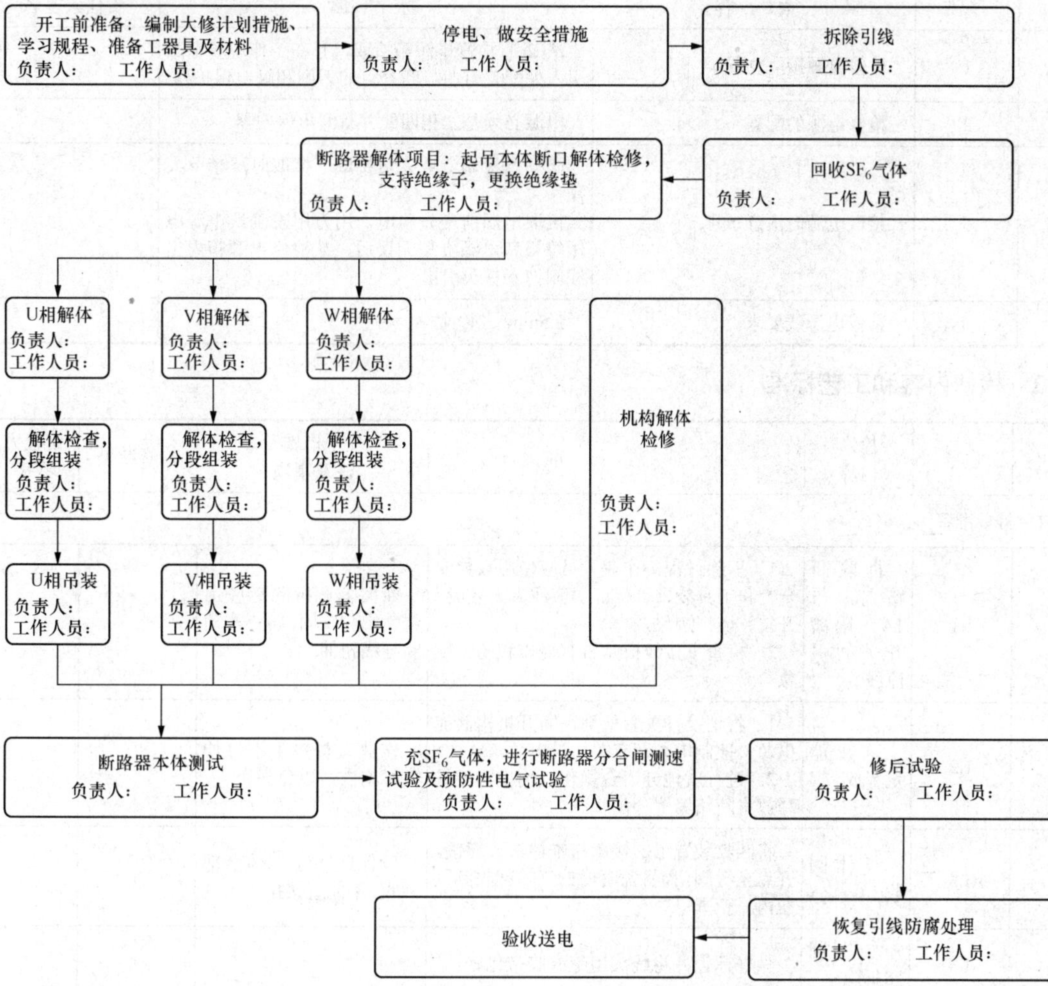

5　作业程序及作业标准

5.1　开工

√	序号	内　　容	到位人员签字
	1	工作票负责人按局、工区有关规定办理好工作票许可手续，完成三级交底工作	
	2	本作业负责人对本班工作人员进行明确分工，并在开工前检查确认所有工作人员正确使用劳保用品	
	3	在本作业负责人带领下进入作业现场并在工作现场向所有工作人员详细交待作业任务、安全措施和安全注意事项，全体工作人员应明确作业范围、进度要求等内容，并在到位人员签字栏上分别签名	
	4	专责施教人对辅助人员（处来）按工区规定进行施教，施教内容包括：作业范围、安全措施、安全注意事项等	

5.2 检修电源的使用

√	序号	内　容	标　准	责任人签名
	1	检修电源接取位置	从 2 号检修电源箱接取，且在工作现场电源引入处配置有明显断开点的刀闸和触电保护器	
	2	检修电源的配置	电源必须是三相四线并有漏电保安器	
	3	接取电源时注意事项	必须由检修专业人员接取，接取时严禁单人操作； 接取电源前应先验电，用万用表确认电源电压等级和电源类型无误后，从检修电源箱内出线闸刀下桩头引出	
	4	检修电源线要求	$2.5mm^2$ 及以上	

5.3 检修内容和工艺标准

√	序号	检修内容	工 艺 标 准	安全措施及注意事项	检修结果	责任人签字
1	修前准备					
	1.1	拆除断路器与TA、隔离开关间引流线	1．拆除过程，作业人员应使用双控安全带和工具袋，且保证引流线夹无散股、开裂、烧损迹象。 2．检查主接线板是否有烧损和锈蚀现象	断路器侧拆除后应用绳索绑扎牢固，防止摆动和导线扭曲		
	1.2	弹簧能量释放	1．将切换开关置就地，断开机构储能电源、控制电源及有关信号电源。 2．进行就地分、合操作，使机构能量释放将断路器置分闸状态	作业人员头手不得伸入机构内，以免夹伤		
	1.3	气体回收	将回收装置上的接头与本体接头连接，开启充气阀门，将瓷套内的气体回收到气瓶内	应保证 SF_6 气体全部回收，不能直接排入大气		
	1.4	二次回路拆除	做好标记并将线头用绝缘胶带包好			
2	本体吊装及检修					
	2.1	本体与机构分离	1．解除与本体部分连接的气管。 2．解除本体与连接机构（直动密封杆与连板）处的销连接。 3．拆除本体法兰与框架连接处的螺母 4-M12（框架内侧）及 2-M12 螺栓（支柱法兰侧）。 4．用吊车吊离三相本体，利用翻转架将每相本体水平放置在枕木上（防雨、防潮）	1．注意拆除本体下法兰螺母前，应事先绑好吊带，让吊绳微微受力，防止本体倾倒。 2．起吊时起吊末端采用尼龙绳牵引，注意保持平衡，防止碰伤瓷套		
	2.2	支柱与灭弧室分离	1．拆除灭弧瓷套与支柱瓷套连接处的螺栓。 2．拆除灭弧室活塞杆与支柱瓷套内绝缘拉杆连接处的轴销。 3．将灭弧室部分吊起，并竖直放置于专用检修平台上。 4．将支柱瓷套水平放置在枕木上或固定的工作台上			

表（续）

√	序号	检修内容	工艺标准	安全措施及注意事项	检修结果	责任人签字
	2.3	灭弧室拆解（见附录B附图B-1）	1．采用对角拆卸法拆去静触头座与静侧接线端法兰连接的M10螺栓，利用吊环将静触头部分吊离，静触头座倒立放置。 2．用静弧触头装配工具套住静弧触头，用力矩扳手逆时针方向拧松静弧触头，并取出静弧触头。 3．采用对角拆卸法拆除灭弧室瓷套与动侧接线端法兰连接的M16螺栓，将灭弧室瓷套吊离并水平放置在枕木上			
	2.4	静主、弧触头的检查及检修（见附录B附图B-2）	1．检查静主触头有无变形、烧损，镀银面有无剥落。 2．检查静弧触头有无变形、铜析、烧损。 3．各螺纹连接处是否紧固，顶丝是否紧固。 4．用汽油浸泡密封槽，清除残留的密封胶。 5．用蘸有无水乙醇的无毛纸和百洁布分别擦拭静主、弧触头表面。 6．检查法兰密封面、密封槽有无损伤。 7．用蘸有酒精的无毛纸将密封槽擦拭干净	1．对于动、静触头的轻微烧损，可用油光锉将其修理平整光滑后，再用0号砂纸砂光，百洁布打磨后用无水乙醇擦净。 2．静弧触头静烧损程度大于2mm或有明显碎裂或静触头表面有铜析出现象，应更换静弧触头，并打上246N·m力矩		
	2.5	喷口的检查及检修（见附录B附图B-3）	1.用喷口检修工装的棘爪侧夹住喷口，然后用手柄逆时针方向拧松喷口，取出喷口。 2．检查喷口喉部直径。 3.用蘸有无水乙醇的无毛纸擦拭喷口。 4．拧入喷口时，开始阻力较大且平稳，旋入10mm后，阻力明显增大，直到感到阻力突然减小，再拧半圈	检查喷口喉部直径时，若变大1mm以上、有深的裂纹、有明显的剥落、有清理不干净的烧损痕迹等情况时，应更换喷口		
	2.6	动主、弧触头的检查及检修	1．将检修工装拧松动弧触头，拉动检修杆取出动弧触头。 2．用内卡尺测量内径。 3．检查动主触头有无变形、烧损，镀银面有无剥落，各螺纹连接处是否紧固，顶丝是否紧固。 4．动弧触头有以下现象的应予以更换：①触头头部烧损大于2mm；②有明显碎裂或触指闭合圆>ϕ29mm；③有铜析出现。 5．对于动弧触头的轻微烧损，可用油光锉将其修理平整光滑后，再用0号砂纸砂光，百洁布打磨后用无水乙醇擦净	重新安装时注意： 清理动部分法兰上的密封胶，注意保护密封槽；用无毛纸、无水乙醇全面清洁动部分，特别注意喷口的清洁度要求；在待用期间注意防尘保护；重新复原灭弧室；使用对中工装安装动、静弧触头；紧固动（284N·m）、静（243N·m）弧触头		
	2.7	压气缸的检查及检修	1．压气缸的检查，将断路器置于合闸位置。 2．压气缸表面有无划伤，镀银面应完好，如有轻微拉伤且镀银面无损伤，用抛光网抛光表面，并按工艺要求均匀涂敷微碳润滑脂后继续使用，损伤严重应更换。 3．滑动触指的弹性应良好，镀银层完整			

表（续）

√	序号	检修内容	工艺标准	安全措施及注意事项	检修结果	责任人签字
	2.8	绝缘拉杆、电弧室、等电位片的检查	1．绝缘拉杆检查。 2．安装等电位片应正确可靠，确保上、下等电位片嵌入轴销定位槽内	绝缘拉杆无起层、无裂纹、放电痕迹；安装等电位片的定位螺丝时，应在螺纹上涂抹少量的厌氧胶		
	2.9	支柱部分的检查及检修（见附录C）	1．直动密封法兰的检查，包括检查密封垫是否变形、磨损。 2．检查绝缘拉杆表面应无碰伤、划痕，如有裂痕、损伤，更换新的。 3．检查法兰密封面、密封槽有无划伤及损坏；所有O形圈需更换。 4．检查压气缸内侧复合轴套无划伤及损坏			
	2.10	断路器本体的回装（见附录D）	1．对本体各部件表面清理；入烘箱70℃烘干12h以上（密封圈除外）。 2．更换所有的密封零件、挡圈、吸附剂。 3．重新涂敷各类润滑脂、密封胶、防水胶。 4．重新紧固件各个力矩并作相应的标记。 检查SF_6充气阀门，如有损坏，应予以更换； 将全部修理、更换后的本体按原样复原； 抽真空至133Pa后，再抽0.5h，停机保持4h。罐内气压的上升值不应大于133Pa。充气前再抽真空0.5h。将SF_6气体充至0.5MPa	1．按相反顺序安装所有检修过的零件。 2．吸附剂必须是抽真空包装，且指示条显示，水分合格；并进行烘干处理（200℃的烘箱中活化焙烧2h后方可使用）		
	2.11	相间连杆、拐臂的检查	1．相间连杆、拐臂应无变形、裂纹、锈蚀 2．检查轴销孔内复合轴套无划伤及损坏，更换轴销、挡圈、开口销			
3　机构部分检修						
	3.1	二次元件的检修	1．对SF_6密度继电器进行校验，按检修后现场试验项目标准进行。 2．对辅助开关及继电器触点的检查。 3．检查加热器的工作状况，如加热不良，进行更换。 4．检查操作计数器的记录和位置指示器的位置	早期产品二次元件存在端子不阻燃、接触不良等原因，已不被制造厂家所选用，另有许多仪表产品经过多年运行，部分继电器、表等元件已经基本老化，为了保证产品检修后的可靠性，建议更换所有的二次元件		
	3.2	SF_6气体系统的检修	1．外观检查,并保证接头、密封面无损伤变形。 2．气密性试验：充0.5MPa的SF_6气体24h后，测量局部包扎部位，并保证年漏气率小于1%。 3．气体管道涂浅黄色油漆			

表（续）

√	序号	检修内容	工艺标准	安全措施及注意事项	检修结果	责任人签字
	3.3	机构箱体的检修	1．检查机构箱的变形情况，如变形严重更换机构箱。 2．清洗机构箱体上的防尘网。 3．更换机构箱的密封条，给机构箱除锈			
	3.4	机芯退出步骤	1．拆除横梁后盖板，卸下连杆接头处的轴用挡圈，松开与拐臂的连接，拆下拐臂放至洁净场地。 2．拆除固定螺栓，将缓冲器拆下放至洁净场地。 3．拆除分合线圈、微动开关处的接线，拆下机构箱漏出机芯，用吊绳绑住弹簧导向筒和机构架，将机芯吊住，拆除固定螺栓将机芯吊下放至洁净场地	传动部件挡圈应全部进行更换		
	3.5	分闸弹簧的检修	1．卸下分闸弹簧。 2．对其表面用酒精清洗干净、检查不应出现变形、锈蚀和裂纹情况。 3．检修后，弹簧表面均匀涂抹二硫化钼润滑脂。 以上步骤建议作为日常的检修工艺，由于分闸弹簧长期处于压缩状态，因此12年检修时应更换分闸弹簧	分闸弹簧自由高度为523mm，弹簧p1和p2值的检查由厂家进行，不合格更换；必要时，应对分闸弹簧进行弹簧力矩的测试		
	3.6	油缓冲器检修	1．拆解缓冲器，清理每个零部件。 2．检查活塞杆是否有拉伤，有拉伤的应更换。 3．检查缸体有无损伤，有损伤的应更换。 4．更换所有的密封件。 5．活塞杆与油缸体装配:装入密封圈，将活塞杆部件装入油缸体中，应顺畅无卡涩。 6．清理油缓冲器缸体，并在合闸状态注入液压油，数量为内腔的2/3高度，以油锥孔溢油为准，拧入高压螺塞。 7．倒置24h无渗漏为合格			
	3.7	合闸弹簧检修	1．使用卸簧工装卸下合闸弹簧。 2．对其表面用酒精清洗干净、检查不应出现变形、锈蚀、和裂纹情况。 3．检查确认无误后，全周涂满二硫化钼润滑脂。 以上步骤建议作为日常的检修工艺，由于合闸弹簧长期处于压缩状态，因此12年检修的应更换合闸弹簧	合闸弹簧自由高度为590mm，弹簧p1和p2值的检查由厂家进行，不合格更换；必要时，应对合闸弹簧进行弹簧力矩的测试		
	3.8	分闸电磁铁、合闸电磁铁部分的检修	1．检查分、合闸线圈的铁芯是否锈蚀、变形，如有锈蚀清理干净，变形的应予以更换。 2．检查清理分、合闸线圈的铁芯、掣子，应无锈蚀、裂纹且动作灵活无卡涩。 3．检查线圈表面应无发黑、鼓包现象，如有应予以更换。 4．测量分、合闸线圈的电阻值，并保证合闸线圈电阻为33Ω/110Ω±5%，分闸线圈电阻值为19Ω/110Ω±5%。 5．用1000V绝缘电阻表测线圈对地绝缘电阻，并保证绝缘电阻值大于2MΩ			

表（续）

√	序号	检修内容	工 艺 标 准	安全措施及注意事项	检修结果	责任人签字
	3.9	电机检修	1．检查外壳是否锈蚀、损坏，不能使用予以更换。 2．用1000V绝缘电阻表测对地绝缘电阻，绝缘电阻值应大于2MΩ。 3．确认电动机安装板与电动机的装配是否松动。 4．检查小伞齿轮是否有严重锈蚀、裂纹、断齿现象，有则更换。 5．取出电动机两端碳刷，用刻度尺测量碳刷长度并检查碳刷弹性，且保证碳刷长度≥10mm、弹性正常，否则应更换			
	3.10	棘爪轴、凸轮轴检修	1．检查大伞齿轮是否有严重锈蚀、裂纹、断齿现象，有则更换。 2．检查轴用挡圈动作灵活无卡滞、无脱落			
	3.11	防跳装置检修	1．卸下防跳装置上的4个M10的螺栓，取下防跳装置。 2．松下2个M25螺栓，取下支撑板，再松开螺栓，取出弹簧及防跳销并卸下卡套接头。 3．对所有零件均用或酒精清洗干净，有损伤的予以更换，在防跳销及弹簧上均匀涂抹薄薄一层二硫化钼润滑脂装入制动阀内，紧固螺栓，将卡套接头锥螺纹部分缠绕新的生料带后拧入制动阀内，用2个M10螺栓将支撑板固定于制动阀上，其力矩为28N·m			
	3.12	分、合闸机构检修	1．检查分闸拐臂是否锈蚀、损坏，圆柱销孔是否变形，不能使用予以更换。 2．关节轴承是否有变形、裂纹。 3．检查合闸机构是否锈蚀、损坏，不能使用的予以更换			
	3.13	机构架检修	检查机构架是否有锈蚀变形、圆柱销孔是否变形，不能使用应予以更换			
	3.14	机芯的装配（见附录E）	按照拆解工艺的相反程序完成操动机构机芯装配： 机构架—合闸机构—分闸机构—防跳装置—棘爪轴—合闸弹簧—分闸电磁铁—合闸电磁铁—电动机—用吊绳绑住弹簧导向筒和机构架，将机芯吊住，用螺栓固定在安装座上—分闸拐臂—油缓冲器	拐臂滚子和机构凸轮之间间隙（1.4±0.3）mm；（断路器处分闸状态合闸弹簧已储能）		
	3.15	二次回路恢复	采用1000V绝缘电阻表测试回路绝缘电阻，保证绝缘电阻值不低于2MΩ	接入前应确保所有电源已断开，通电前应绝缘测试合格，确保回路正确		

表（续）

√	序号	检修内容	工 艺 标 准	安全措施及注意事项	检修结果	责任人签字
4 断路器的整体复原装配						
	4.1	断路器的整体复原装配（见附录F）	1．将本体逐相回装至构架上。 2．恢复配管与本体部分的连接。 3．恢复本体与连接机构（直动密封杆与连板）处的销连接。 4．抽真空至133Pa后，再抽0.5h，停机保持4 h。罐内气压的上升值不应大于133Pa。充气前再抽真空0.5h。将SF_6气体充至0.5MPa	应使用带电磁阀的真空泵，严禁使用麦氏真空计		
5 断路器的调试						
	5.1	断路器与机构的联调（见附录G）	1．行程150^{+2}_{-4}mm。 2．接触行程27±2mm。 3．弹簧机构活塞杆行程100^{0}_{-2}mm。 4．拐臂滚子和机构凸轮之间间隙（1.4±0.3）mm（断路器处分闸状态合闸弹簧已储能）。 5．合闸弹簧定位螺母与定位杆距离12～47 mm。 6. 合闸电磁铁行程C: 5.0～5.5mm（断路器处分闸位置）。 7. 触发器与脱扣器间隙D: 2.0～2.5mm（断路器处分闸位置）。 8. 合闸电磁铁触发器与防跳器间隙E：1.0～2.0（断路器处分闸位置）。 9．分闸电磁铁行程F：2.8～3.2mm（断路器处合闸位置）。 10．触发器与脱扣器间隙 G：0.8～1.2mm（断路器处合闸位置）。 11．F～G：1.6～2.4mm（断路器处合闸位置）	防止触电、短路和失地，断路器与机构未手动联调合格前禁止通电		
	5.2	SF_6气体微水、纯度检测	SF_6气体含水量不大于150μL/L，纯度不小于99.9%			
	5.3	电动分合闸	经就地及远方分合闸2个循环正常			
	5.4	机械特性试验	1．合闸时间≤150ms。 2．合闸同期≤4ms。 3．分闸时间≤30ms。 4．分闸同期≤2ms。 5．合闸速度1.4～2m/s。 6．分闸速度4.2～4.8m/s。 7．分、合闸行程曲线			
	5.5	导电回路电阻测试	≤40μΩ	采用直流压降法，测试电流≥100A		
	5.6	绝缘电阻测试	1．主回路合闸对地≥6000MΩ。 2．主回路分闸断口间≥6000MΩ			

表（续）

√	序号	检修内容	工 艺 标 准	安全措施及注意事项	检修结果	责任人签字
	5.7	低电压动作试验	1．85%～110%额定电源电压应可靠合闸，等于或小于 30%额定电源电压应不应动作。 2．直流 65%～110%额定电源电压或80%～110%额定电源电压应可靠分闸，等于或小于 30%额定电源电压应不应动作			
	5.8	工频耐压试验	按出厂耐压值的 80%进行	必须进行相对地、断口对地耐压		
6 断路器两侧引流线恢复						
	6.1	断路器两侧引流线恢复	1. 引流线夹及接线板无开裂发热迹象，引流线无散股，弧垂应符合要求。 2．接线端子和接线连接板均是铝板，应在其接触面上均匀涂抹导电结合脂并用细纱布或钢刷轻微地研磨；擦去导电接合脂，重新均匀涂抹导电脂；紧固螺栓应对角紧固	1．作业人员应使用双控安全带和工具袋。 2．断路器接线端子连接导线对断路器不应产生附加拉伸和弯曲应力		
7 断路器检修后现场收尾工作						
	7.1	断路器检修后现场收尾工作	1．机构箱除锈、着漆。 2．复查所有紧固件。 3．接好断路器引线。 4．对转动、移动的零件进行润滑复查。 5．检查机构箱 SF_6 阀门的开启位置。 6．清理现场，清点工具。 7．清扫工作现场。 8．去掉分、合闸闭锁销钉。 9．投运			

5.4 竣工

√	序号	内 容	责任人员签字
	1	清理工作现场，将工器具全部收拢并清点，废弃物按相关规定处理，材料及备品备件回收清点	
	2	按相关规定，关闭检修电源	
	3	做好检修记录，记录本次检修内容、反措或技改情况，有无遗留问题	
	4	会同验收人员验收对各项检修、试验项目进行验收	
	5	会同验收人员对现场安全措施及检修设备的状态进行检查，要求恢复至工作许可时状态	
	6	经全部验收合格，做好检修记录后，办理工作票结束手续	

6 验收记录

<table>
<tr><td rowspan="2">自验收记录</td><td>记录改进和更换的零部件</td><td></td></tr>
<tr><td>存在问题及处理意见</td><td></td></tr>
<tr><td rowspan="4">验收意见</td><td>检修班组自评价及签字</td><td></td></tr>
<tr><td>检修部门验收意见及签字</td><td></td></tr>
<tr><td>运行单位验收意见及签字</td><td></td></tr>
<tr><td>生计单位验收意见及签字</td><td></td></tr>
</table>

7 指导书执行情况评估

<table>
<tr><td rowspan="4">评估内容</td><td rowspan="2">符合性</td><td>优</td><td></td><td>可操作项</td><td></td></tr>
<tr><td>良</td><td></td><td>不可操作项</td><td></td></tr>
<tr><td rowspan="2">可操作性</td><td>优</td><td></td><td>建议修改项</td><td></td></tr>
<tr><td>良</td><td></td><td>遗漏项</td><td></td></tr>
<tr><td>存在问题</td><td colspan="5"></td></tr>
<tr><td>改进意见</td><td colspan="5"></td></tr>
</table>

2 安全质量控制卡

班组作业安全质量控制卡

编号：××J-ZYK-201×-BD-××B-××B-001

作业名称：××局××kV××变电站××kV××断路器大修

工作负责人编写：________审核：________批准：________

作业性质：开关专业 计划时间：___年__月__日__时__分至___年__月__日__时__分

1 作业前

1.1 作业前内业准备

序号	名称	规格	单位	数量	确认
1．现场勘察		勾选：□已勘察 □无需勘察 签字确认：			
2．工器具（详见物品清单 6）					
2.1	标准工具箱	详见标准工具箱配置表	套	1	
2.2	常规检修工器具	详见常规检修工器具表	套	1	
3．仪器					
3.1	仪器	详见仪器表	套	1	
4．材料					
4.1	材料	详见材料备品备件表	套	1	
5．防护用品					
5.1	防护用品	详见安全防护用品表	套	1	
6．车辆					
6.1	专用车辆	详见作业车辆表			
7．绝缘梯					
7.1	绝缘梯	详见绝缘梯表			
8．作业文件					
8.1	工作票编号				
8.2	作业文件（设备台账资料、设备说明书、接线图、报表）等				
9．其他（录音笔、红马甲）					

1.2 出工准备

序号	名　称	确认
1	班组班前会	
2	出工三检查、独木桥制度	

2 作业中

2.1 作业组班前会

2.1.1 本作业危险点分析及安全措施交底

序号	危险点分析	安全控制措施	确认
1	高空作业时,人员或工器具发生高处坠落	1. 应正确使用安全带。 2. 应使用合格的登高工具并专人扶持，绑扎牢固。 3. 工器具应系好保险绳或做好其他防坠落的可靠措施	
2	一次引线拆、接过程中，击伤人员或附件	使用传递绳传递引线，拆除后应及时绑扎牢固	
3	进行机构内二次回路工作时，误碰带电二次接线，造成短路或失地，人员触电	使用带有绝缘包扎的工器具。拆线前做好标记，随拆即采取绝缘包扎措施。接回时，应由第二人进行复查	
4	检修电源设备损坏或接线不规范,会引起低压触电	检修电源接线时，必须确认电源线的极性及所需使用的电压，使用的工具金属裸露部位应用绝缘材料包好，有人监护，同时必须使用带电漏电保护的电源盘	
5	断路器拆卸、安装及吊装过程易损伤人员及设备	断路器绑扎应牢固，吊装过程与带电设备保持足够安全距离：220 kV≥6.0m、110kV≥3.0m	
6	调整或检修机构时机械伤人	工作前应断开储能电源空开并完全释放储能	

2.1.2 其他班组间配合或交叉作业危险点分析及安全措施交底

序号	相关班组	危险点分析	安全控制措施	确认
1	保护班	断路器调试与二次回路工作交叉进行容易发生人身伤害事故	要求调试时先通知保护人员,保护人员应中止工作并撤离试验区域，确保人身安全	

2.1.3 安全措施确认

我已知晓上述工作地点、工作内容、停电范围、作业分工、危险点及安全控制措施，精神状态良好，确认签字：

2.2 关键工序安全质量控制

序号	关键工序	质量安全控制	确认
1	修前准备	1. 拆除断路器与 TA、隔离开关间引流线。 2. 弹簧能量释放。 3. 气体回收。 4. 二次回路拆除	
2	本体吊装及检修	1. 本体与机构分离。 2. 支柱与灭弧室分离。 3. 灭弧室拆解。 4. 静触头的检查及检修 5. 喷口的检查及检修。 6. 动触头的检查及检修。 7. 压气缸的检查及检修。 8. 支柱部分的检查及检修。 9. 断路器本体的回装	

表（续）

序号	关键工序	质量安全控制	确认
3	机构部分检修	1．二次元件的检修。 2．SF_6气体系统的检修。 3．机构箱体的检修。 4．分闸弹簧的检修。 5．油缓冲器检修。 6．合闸弹簧检修。 7．分闸电磁铁、合闸电磁铁部分的检修。 8．电动机检修。 9．棘爪轴、凸轮轴检修。 10．防跳装置检修。 11．分闸机构检修。 12．机构架检修。 13．机芯的装配。 14．二次回路恢复	
4	断路器的整体复原装配	1．将本体逐相回装至机构上。 2．恢复配管与本体部分的连接。 3．恢复本体与连接机构（直动密封杆与连板）处的销连接。 4．抽真空至 133Pa 后，再抽 0.5h，停机保持 4h。罐内气压的上升值不应大于 133Pa。充气前再抽真空 0.5h。将 SF_6气体充至 0.5MPa	
5	断路器的调试	1．断路器与机构的联调。 2．SF_6气体微水检测。 3．电动分合闸。 4．机械特性试验。 5．导电回路电阻测试。 6．绝缘电阻测试。 7．低电压动作试验。 8．交流耐压试验	
6	断路器两侧引流线恢复	1．引流线夹及接线板无开裂发热迹象，引流线无散股，弧垂应符合要求。 2．接线端子和接线连接板均是铝板，应在其接触面上涂导电结合脂并用细纱布或钢刷轻微地研磨；擦去导电接合脂，重涂导电脂；紧固螺栓应对角紧固	
7	断路器检修后现场收尾工作	1．机构箱除锈、着漆。 2．复查所有紧固件。 3．接好断路器引线。 4．对转动、移动的零件进行润滑复查。 5．检查机构箱 SF_6 阀门的开启位置。 6．清理现场，清点工具。 7．清扫工作现场。 8．去掉分、合闸闭锁销钉。 9．投运	

2.3 作业验收

2.3.1 检修人员验收

序号	验 收 内 容	确认
1	对检修工作全面自验收：逐项检查，无漏项，做到修必修好	
2	现场安全措施检查：临时保安接地线均已拆除，现场安全措施已恢复到工作许可时状态	
3	对设备状态恢复：断路器状态、操作电源、防误电源等均要求恢复到工作许可时状态	

表（续）

序号	验 收 内 容	确认
4	检查现场无遗留工器具、材料，所有工作人员已经撤离现场	
5	工作负责人验收签字：	

2.3.2 运维人员验收

运维人员验收： 检修记录已登记，现场已验收合格。　　　　　　运维人员确认签字：

2.4 作业组班后会

序号	项　　目	确认
1	作业组班后会	
2	存在问题及措施：	

3 作业后

3.1 作业后内业工作

序号	项　目	内　容	确认
1	GPMS 流程运转	缺陷流程运转、报表编写上传、完成时限填写、完成设备作业后评估	
2	录音上传	工作票录音	
3	作业文件归档	安全质量控制卡、工作票、报表	

3.2 作业评价

评价情况：经检查，本控制卡____________，存在____________________________问题，已向_________________提出。

检查人：__________________

_____年____月____日

3 变电站电气第一种工作票

××电业局（供电公司）

××变电站电气第一种工作票

编号：××-B1-B1-××B-××-××

1．部门：××××××部

工作班组：××班

工作负责人：×××

2．工作班人员：×××、×××　　共 ×× 人

3．工作任务：

工作地点	工作内容
××变电站110kV××线132断路器处	110kV××线132断路器大修

4．计划工作时间：自××年×月×日×时×分至 ××年×月×日×时×分

5．安全措施：

电气接线图或必要时可附页绘图说明：

许可前由工作许可人会同工作负责人到现场逐项检查核对后在已执行栏打√。

序号	应断开的断路器、隔离开关，应取下的熔丝，应解除的继电保护连接片等（包括填写前已应断开、取下、解除的）注明编号	已执行
1	断开132断路器	
2	断开1322、1323隔离开关	
3	断开132断路器直流操作电源空气断路器	
4	断开132断路器储能电源空气断路器	
5	断开1322、1323隔离开关电动操作电源空气断路器	
6	断开132线路TV二次空气断路器	
序号	应装接地线、应合接地开关（注明接地线具体位置，并留出空位由许可人注明接地线编号）	已执行
1	合上1326甲线路接地开关	
2	合上1326乙接地开关	
3	合上1326丙接地开关	
序号	应设遮栏、应挂标示牌、防止二次回路误碰的措施	已执行
1	在132断路器，1322、1323隔离开关操作把手上挂“禁止合闸，有人工作”标示牌	
2	在132断路器处挂“在此工作”标示牌，并在其四周装设安全围网，并向内挂“止步，高压危险”标示牌，将安全围网出入口设置在邻近道路处，并在安全围网出入口挂“从此进出”标示牌	

工作地点保留带电部分（或注意事项） 签发人或工作负责人填写	补充工作地点保留带电部分和安全措施 许可人填写
3号主变及110kV Ⅲ段母线在运行，110kV Ⅲ段母线TV、BL间隔、3号主变110kV侧13C间隔、110kV××线1322隔离开关母线侧均带电	

二次工作安全措施票（票号）：________________

工作票签发人签名：___×××___　签发日期：___××___年___×___月___×___日___×___时___×___分

收到工作票时间：___××___年___×___月___×___日___×___时___×___分　值班人员签名：___×××___

6．确认本工作票1～5项

许可开始工作时间：_____年_____月_____日_____时_____分

工作许可人签名：____________　工作负责人签名：____________

7．工作人员变动：

增添人员姓名	日	时	分	工作负责人签名	离去人员姓名	日	时	分	工作负责人签名

8．工作负责人变动：

原工作负责人________________离去、变更________________为工作负责人

变动时间:_____年___月___日___时___分　　工作票签发人签名：____________

9．工作票延期：有效期延长到：__________年____月____日____时____分

工作负责人签名：__________　值长或值班负责人签名：__________

10．每日开工和收工时间（使用一天的工作票不必填写）

收工时间				工作负责人	工作许可人	开工时间				工作许可人	工作负责人
月	日	时	分			月	日	时	分		

11．工作结束：设备及安全措施已恢复至开工前状态，现场已清理完毕，工作班人员已全部撤离。全部工作于_______年___月___日___时___分结束。

工作负责人签名：____________　工作许可人签名：______________

12．工作票终结：临时遮栏、标示牌已拆除，常设遮栏已恢复。接地线编号__________________________________等共______组、接地开关（小车）共______________副（台）未拆除或拉开，已汇报调度。

工作许可（当值）人签名：__________　时间：_______年____月____日____时___分

13．备注：

（1）检修工作中允许试分合的设备：

允许试分合的设备	解锁执行人	解锁时间	操作人	监护人	操作设备时间
		日　时　分			日　时　分
		日　时　分			日　时　分
		日　时　分			日　时　分
		日　时　分			日　时　分

（2）工作负责人指定专职监护人：

第一组________负责监护____

第二组________负责监护____

第三组________负责监护____

（3）其他补充安全措施：详见《××班××变电站110kV××线132断路器大修安全质量控制卡》

（4）其他事项：释放110kV××线132断路器储能能量

14．交任务、交安全措施确认：我对工作负责人布置的工作任务及安全措施已明白无误，所有安全措施已能确保我的工作安全。

工作班人员签名：____

15．评价情况：经检查本票为________票，存在____问题，已向________指出。

检查人：__________

_____年____月____日

4 现场勘察单

×× 电业局（供电公司）
变电设备现场勘察单

编号：×××××××××××

变电站	××变电站	现场勘察时间	××××-××-××
勘察人员	×××、×××		
工作内容	××变电站 110kV××线××断路器大修		
现场工作需停电设备	××变电站 110kV××线××断路器及线路转检修		
现场工作需采取的其他安全措施	详见××变电站 110kV××线××断路器大修工作票安全措施及安全质量控制卡		
需提醒现场工作人员的注意事项	工作时加强监护，与 110kV 带电设备保持 1.5m 及以上安全距离		
施工使用大型起重吊车，重型运输车辆等，车辆通过路径勘察、起重吊车工作位置等（文字或画图说明）	根据现场制定定置图		
工作现场涉及设备电气一次主接线图	根据现场接线情况制定定置图		
部门审核：×××			

附 录 A
相关参数及调试报告

附表 A-1 设备主要技术参数

LW25-126 型断路器主要技术参数			
序号	项 目	数 据	备 注
1	额定电压（kV）	126	
2	最高电压（kV）	145	
3	额定电流（A）	2000/3150	
4	额定短路开断电流（kA）	20，25，31.5	
5	额定短路开断电流直流分量百分数	45%	
6	额定短时耐受电流/通电时间（kA/s）	20/4，25/4，31.5/4	
7	额定短路关合电流（kA）	50，63，80	
8	额定峰值耐受电流（kA）	50，63，80	
9	额定操作顺序	O-0.3s-CO-180s-CO；CO-15s-CO	
10	首相极系数	1.5	
11	近区故障开断电流（kA）	I_e×90%，I_e×75%	
12	额定失步开断电流（kA）	I_e×25%	
13	开断时间（ms）	60	
14	分闸时间（ms）	≤30	
15	合闸时间（ms）	≤150	
16	分—合时间（ms）	≥300	
17	合—分时间（ms）	≥40	
18	相间合闸不同期性（ms）	≤4	
19	相间分闸不同期性（ms）	≤2	
20	机械寿命（分、合次数）（次）	3000	
21	接线端子水平纵向允许负荷（N）	1250	
22	接线端子水平横向允许负荷（N）	750	
23	接线端子垂直方向允许负荷（N）	1000	
24	每台总重量（kg）	1200	
25	SF_6 气体年允许泄漏量	≤1%	
密度继电器主要技术参数			
序号	项 目	数 据	备 注
1	补气报警压力	0.45±0.03	SF_6 额定气压 0.5MPa（20℃）
2	断路器闭锁压力	0.4±0.03	SF_6 额定气压 0.5MPa（20℃）
机构主要技术参数			
序号	项 目	数 据	备 注
1	分合闸线圈电压（V）	DC110/220	

附表 A-1（续）

序号	项　　目	数　　据	备　　注
2	分闸线圈电流（A）	5.8/2	
3	合闸线圈电流（A）	3.3/2	
4	电动机电源电压（V）	AC220，DC110/220	
5	压缩机电机功率（W）	300	
6	电动机转速（r/min）	750	
7	电动机电流（A）	5.5/2.7	
8	加热器电源电压（V）	AC220	
9	加热器功率（W）	100	

附表 A-2　设备主要调试数据记录

设备型号：LW25-126		厂家：	检修日期：	温度：　℃	
序号	检　修　项　目	技术要求	检查（测）结果		
			U	V	W
1	SF_6报警回路检查				
2	SF_6闭锁回路检查				
3	SF_6气体压力（MPa）（折算到20℃）	0.5			
4	行程（mm）	150^{+2}_{-4}			
5	接触行程（mm）	27±2			
6	弹簧机构活塞杆行程（mm）	100^{+0}_{-2}			
7	拐臂滚子和机构凸轮之间间隙（mm）（断路器处分闸状态合闸弹簧已储能）	1.4±0.3			
8	合闸弹簧定位螺母与定位杆距离（mm）（断路器处分闸状态合闸弹簧已储能）	12～47			
9	合闸电磁铁行程 *C*（mm）（断路器处分闸状态）	5.0～5.5			
10	触发器与脱扣器间隙 *D*（mm）（断路器处分闸状态）	2.0～2.5			
11	*C-D*（mm）（断路器处分闸状态）	3.0～3.5			
12	触发器与防跳杆间隙 *E*（mm）（断路器处分闸位置）	1.0～2.0			
13	分闸电磁铁行程 *F*（mm）（断路器处合闸位置）	2.8～3.2			
14	触发器与脱扣器间隙 *G*（mm）（断路器处合闸位置）	0.8～1.2			
15	*F-G*（mm）（断路器处合闸位置）	1.6～2.4			
16	分闸线圈电阻（Ω）	19/110±5%			
17	合闸线圈电阻（Ω）	33/110±5%			
18	SF_6气体湿度（μL/L）	不大于 150μL/L			
19	合闸时间（ms）	≤150ms			
20	合闸同期（ms）	≤4ms			

附表 A-2（续）

<table>
<tr><td colspan="2">设备型号：LW25-126</td><td>厂家：</td><td colspan="2">检修日期：</td><td>温度：　　℃</td></tr>
<tr><td rowspan="2">序号</td><td rowspan="2">检 修 项 目</td><td rowspan="2">技术要求</td><td colspan="3">检查（测）结果</td></tr>
<tr><td>U</td><td>V</td><td>W</td></tr>
<tr><td>21</td><td>年漏气率（%）</td><td>≤1</td><td></td><td></td><td></td></tr>
<tr><td>22</td><td>分闸时间（ms）</td><td>≤30ms</td><td></td><td></td><td></td></tr>
<tr><td>23</td><td>分闸同期（ms）</td><td>≤2ms</td><td></td><td></td><td></td></tr>
<tr><td>24</td><td>合闸速度（m/s）</td><td>1.4～2</td><td></td><td></td><td></td></tr>
<tr><td>25</td><td>分闸速度（m/s）</td><td>4.2～4.8</td><td></td><td></td><td></td></tr>
<tr><td>26</td><td>导电回路电阻测试（μΩ）</td><td>2000A，≤45μΩ；
3150A，≤40μΩ</td><td></td><td></td><td></td></tr>
<tr><td>27</td><td>绝缘电阻测试（MΩ）</td><td>≥6000MΩ</td><td></td><td></td><td></td></tr>
<tr><td>28</td><td>低电压动作试验</td><td>1．80%～110%额定电源电压应可靠合闸，等于或小于 30%额定电源电压应不应动作。
2．直流 65%～110%额定电源电压应可靠分闸，等于或小于30%额定电源电压应不应动作</td><td colspan="3"></td></tr>
<tr><td colspan="6">备注：</td></tr>
<tr><td colspan="6">工作负责人　　　　试验负责人　　　　调试负责人　　　　工作班成员</td></tr>
</table>

附表 A-3　螺栓及螺母紧固力矩对照表　　单位：N·m

<table>
<tr><td rowspan="2">紧固件规格</td><td colspan="4">强度等级</td></tr>
<tr><td>4.8</td><td>5.6</td><td>8.8</td><td>10.9</td></tr>
<tr><td>M3</td><td>0.6±0.1</td><td>0.7±0.1</td><td>1.4±0.1</td><td>—</td></tr>
<tr><td>M3.5</td><td>1±0.1</td><td>1±0.1</td><td>2±0.2</td><td>—</td></tr>
<tr><td>M4</td><td>1.4±0.1</td><td>1.5±0.1</td><td>3±0.3</td><td>—</td></tr>
<tr><td>M5</td><td>3±0.2</td><td>3±0.3</td><td>6±0.5</td><td>—</td></tr>
<tr><td>M6</td><td>5.1±0.4</td><td>6±0.5</td><td>8±1</td><td>12±2</td></tr>
<tr><td>M8</td><td>—</td><td>12±2</td><td>20±2</td><td>30±3</td></tr>
<tr><td>M10</td><td>—</td><td>25±3</td><td>40±4</td><td>60±6</td></tr>
<tr><td>M12</td><td>—</td><td>40±4</td><td>70±7</td><td>100±10</td></tr>
<tr><td>M16</td><td>—</td><td>100±10</td><td>170±20</td><td>250±25</td></tr>
<tr><td>M20</td><td>—</td><td>—</td><td>340±30</td><td>500±50</td></tr>
<tr><td>M24</td><td>—</td><td>—</td><td>600±60</td><td>800±80</td></tr>
<tr><td>>M24</td><td colspan="4">根据图纸要求</td></tr>
</table>

注　未提供力矩强度的规格不推荐使用。

附 录 B
灭 弧 室 检 修

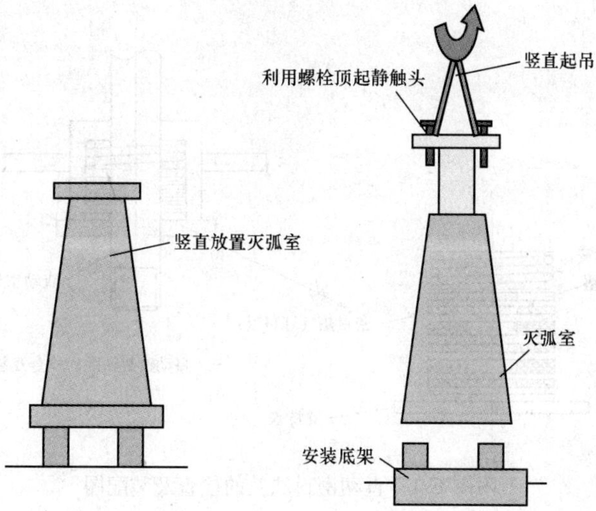

附图 B-1　灭弧室拆解图

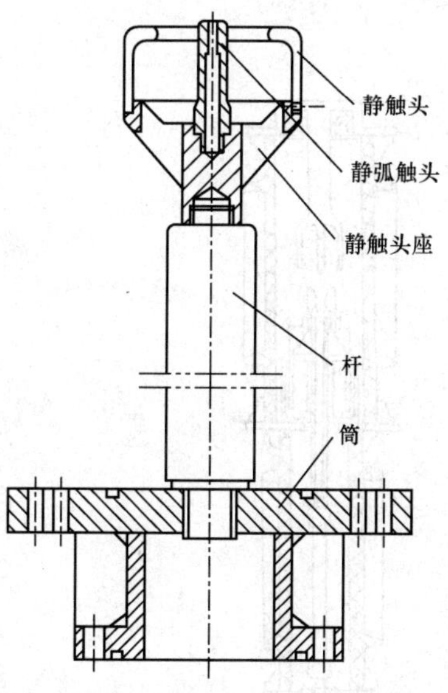

附图 B-2　静触头的检查及检修图

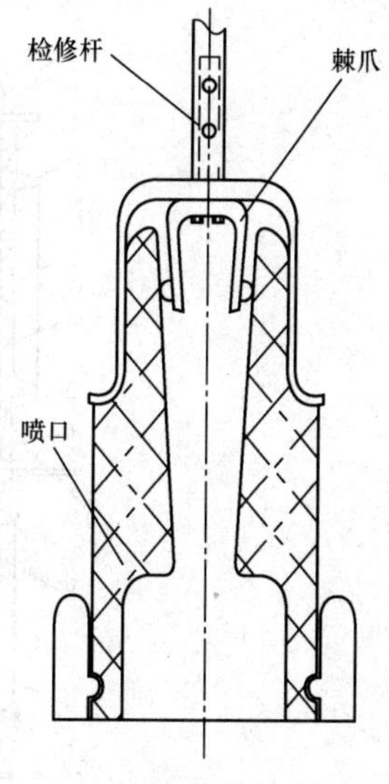

附图 B-3　喷口的检查及检修工装图

附 录 C

直动密封法兰的检查及装配

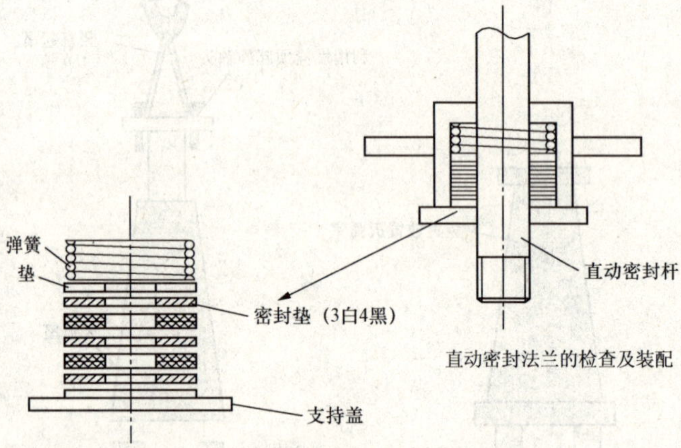

附图 C-1　直动密封法兰的检查及装配图

附 录 D

单 极 断 路 器

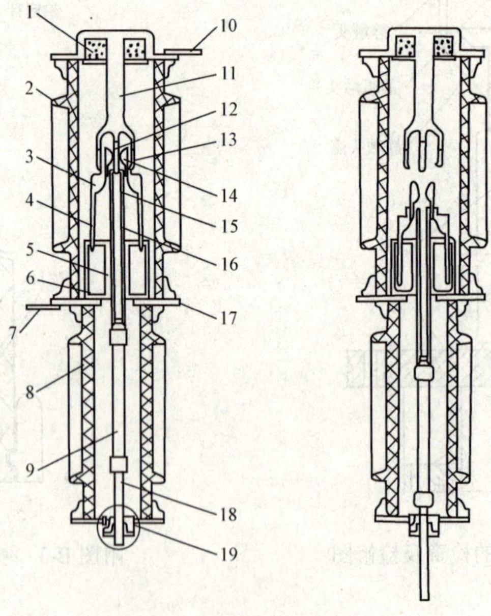

附图 D-1　单极断路器图

1—吸附剂；2—灭弧室瓷套；3—动触头；4—压气缸；5—活塞；6—中间触指；7—下接线端子；8—支柱瓷套；9—绝缘杆；10—上接线端子；11—触头架；12—静弧触头；13—静触头；14—喷口；15—动弧触头；16—活塞杆；17—下法兰；18—操作杆；19—直动密封装置

附 录 E
操 动 机 构

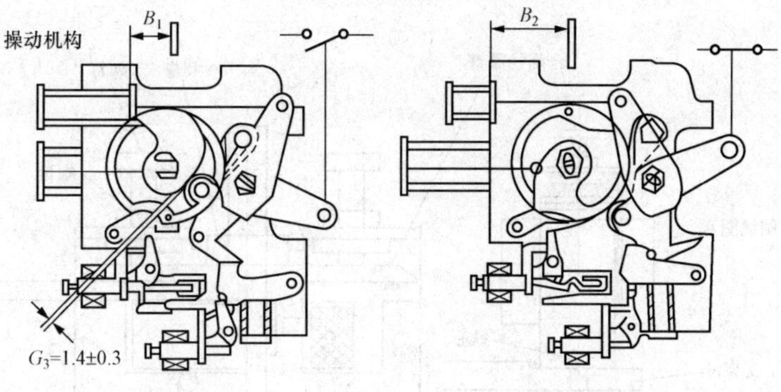

附图 E-1　分闸位置、合闸位置操动机构图

附 录 F
LW25-126 断路器外形

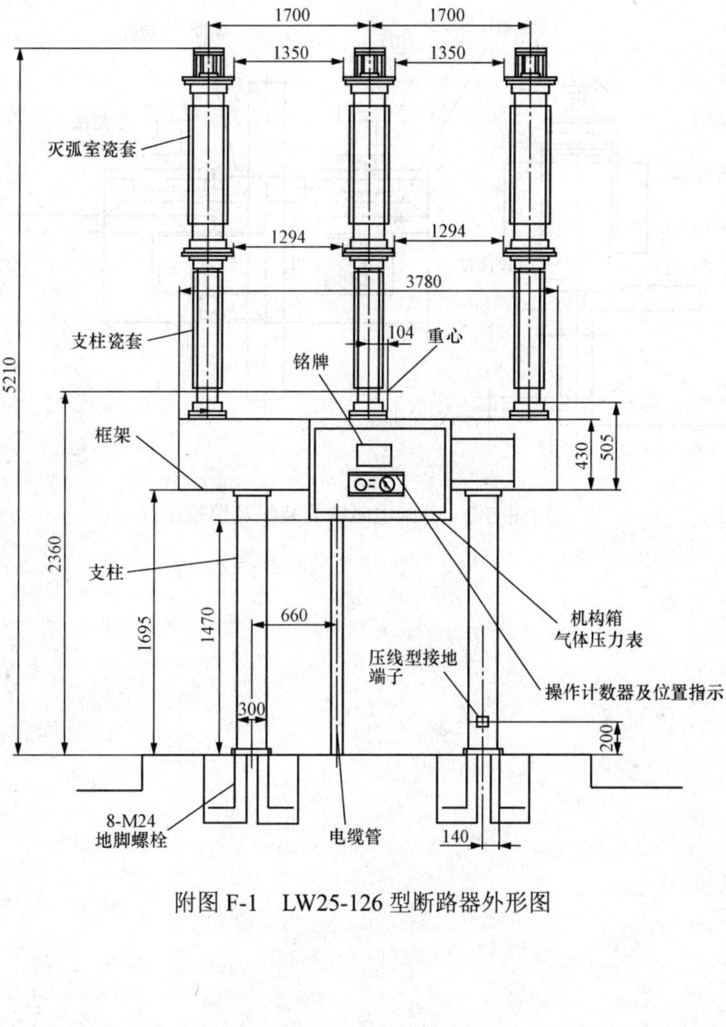

附图 F-1　LW25-126 型断路器外形图

附 录 G
合、分闸电磁铁的装配及调整

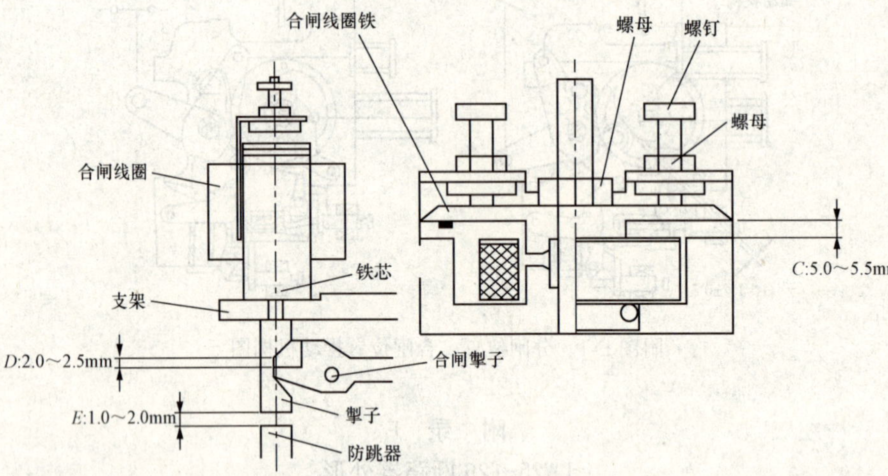

附图 G-1　合、分闸电磁铁的装配及调整图

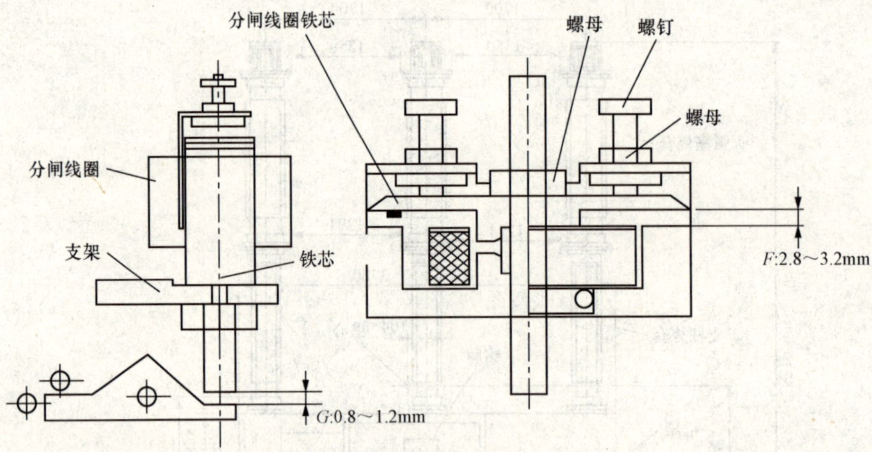

附图 G-2　分闸电磁铁的装配及调整图

附　录　H
断路器试验项目和操作标准

附表 H-1　断路器试验项目和操作标准

√	序号	试验项目	试验方法	安全措施及注意事项	试验标准
	1	回路电阻测量	1．采用直流压降法，测试电流≥100A。 2．使用回路电阻测试仪测试，测量时，电流线夹在接线板的外端，电压线夹在接线板的内端	1．接线时应做好防止高处坠落措施和注意保持与带电设备距离。 2．高压试验前，应与其他班负责人互相协调，试验时应有专人监护，在进行高压试验后应对试品充分放电。 3．试验过程应有专人监护并呼唱，当出现异常情况时，应立即停止试验，断开电源，查明原因后，方可继续试验	回路电阻标准：≤40μΩ
	2	分、合闸线圈，电动机电阻测试	使用万用表进行测量	试验前应确认断路器控制电源已断开，机构能量已释放。	直流电阻应符合制造厂规定
	3	主回路绝缘电阻测试	使用电压不小于的 2500kV 绝缘电阻表进行测试，进行相对地及断口的绝缘电阻测试： 1．进行相对地绝缘电阻测试时，断路器应处于合闸位置。 2．进行断口绝缘电阻测试时，将断路器处于分闸状态，断口的一端短路接地，另一端进行绝缘电阻的测试	1．接线时应做好防止高处坠落措施和注意保持与带电设备距离。 2．测试时，测试线应注意悬空。 3．试验过程应有专人监护并呼唱，防止其他人员误入试验区域。 4．测试完需充分放电。 5．注意绝缘电阻表转速应不低于 120r/min	1．主回路合闸对地≥6000MΩ。 2．主回路分闸断口间≥6000MΩ
	4	二次回路绝缘电阻测试	使用 1000V 绝缘电阻表进行测试	1．试验前应确认断路器控制电源已断开。 2．测试时，测试线应注意悬空。 3．试验过程应有专人监护并呼唱，防止其他人员误入试验区域。 4．测试完需充分放电。 5．注意绝缘电阻表转速应不低于 120r/min	保证绝缘电阻值不低于 2MΩ
	5	合、分闸动作电压试验	采用可调式直流操作电源，测试时应正确对线。将电压加至规定值，启动仪器，操作断路器	1．采用外接直流电源时，应防止串入站内运行直流系统。 2．试验前，应核对试验接线准确无误。 3．测试过程应防止机械伤人。 4．试验过程应有专人监护并呼唱，当出现异常情况时，应立即停止试验，将电压归零，断开电源，查明原因后，方可继续试验	1．85%～110%额定电源电压应可靠合闸，等于或小于30%额定电源电压应不应动作。 2．直流 65%～110%额定电源电压或 80%～110%额定电源电压应可靠分闸，等于或小于30%额定电源电压不应动作

附表 H-1（续）

√	序号	试验项目	试 验 方 法	安全措施及注意事项	试验标准
	6	机械特性试验	1. 断路器一侧断口及测试仪 N 端应良好接地。 2. 将三相断口的信号接入到仪器的时间通道，用仪器上的直流电源串联在断路器的分合闸控制回路，操作仪器测量三相的分、合闸时间、同期，合—分时间。 3. 在断路器的传动杆上安装位移传感器用导线将信号接入仪器的速度测量通道，用仪器上的直流电源串联在断路器的分、合闸控制回路，操作仪器测量速度及行程曲线	1．采用外接直流电源时，应防止串入站内运行直流系统。 2．试验前，应检查控制回路接线。 3．测试过程应防止机械伤人。 4．试验过程应有专人监护并呼唱，当出现异常情况时，应立即停止试验，将电压归零，断开电源，查明原因后，方可继续试验	1．合闸时间≤150ms。 2．合闸同期≤4ms。 3．分闸时间≤30ms。 4．分闸同期≤2ms。 5．合闸速度 1.4～2m/s。 6．分闸速度 4.2～4.8m/s。 7. 分、合闸行程曲线
	7	SF_6气体微水、纯度检测	使用 SF_6 微水仪及 SF_6 纯度仪进行检测。将气体缓慢充进仪器，5min 后查验结果	1．试验过程时应操作人员应正确穿戴 SF_6 气体防护服、乳胶手套及防护面罩等劳保用品。 2. 工作时应尽量站在上风口，不宜站在电缆沟等低洼地带	SF_6 气体含水量≤150 μL/L; SF_6 气体纯度≥99.99%
	8	1min 工频耐压试验	应进行相对地、断口工频耐压试验： 1．相对地工频耐压试验时，断路器应处于合闸位置。 2．断口工频耐压试验时，将断路器处于分闸状态，断口的一端短路接地，另一端进行工频耐压试验	1．接线时应做好防止高空坠落措施并注意保持与带电设备安全距离。 2．应注意高压引线与低及周边物体保持一定的安全距离。 3．加压前，检查试验接线正确无误。 4．试验过程应有专人监护并呼唱，防止其他人员误入试验区域。 5．试验过程中如出现异常情况，应立即停止试验，查明原因。 6．试验完毕需充分放电	工频耐压值按出厂耐压值的 80%进行，不应发生产生闪络或者击穿

思考与练习答案

1．答：弹簧操作机构的工作原理是利用电动机对合闸弹簧储能，并由合闸掣子保持。在断路器合闸操作时，利用合闸弹簧释放能量操动断路器合闸，与此同时，对分闸弹簧储能，并由分闸掣子保持；断路器分闸操作时，利用弹簧释放的能量操动断路器分闸。

2．答：喷口检修步骤如下：

（1）用喷口检修工装的棘爪侧夹住喷口，然后用手柄逆时针方向拧松喷口，取出喷口。

（2）检查喷口喉部直径，若变大 1mm 以上、有深的裂纹、有明显的剥落、有清理不干净的烧损痕迹等情况时，应更换喷口。

（3）用蘸有无水乙醇的无毛纸擦拭喷口。

（4）用喷口检修工装的棘爪侧夹住喷口，然后用手柄顺时针方向拧紧喷口，入槽后再顺时针转半圈。

3．答：（1）拆解缓冲器，清理每个零部件。

（2）检查活塞杆是否有拉伤，有拉伤的要修理或更换。

（3）检查缸体有无损伤，如果有损伤要进修理或更换。

（4）更换所有的密封件。

（5）活塞杆与油缸体装配：装入密封圈、T 形环组，将活塞杆部件装入油缸体中，保证顺畅无卡滞。

（6）清理油缓冲器缸体，并在合闸状态注入液压油，数量为内腔的 2/3 高度，以油锥孔溢油为准，拧入高压螺塞。

（7）油缸装入外壳中，保证两者的轴向位置。

（8）倒置 24h 无渗漏为合格。